Alma Flor Ada • F. Isabel Campoy

ANTÓN PIRULERO

ILUSTRADORES

Claudia de Teresa
Julián Cícero
Patricio Gómez
Felipe Ugalde
Gabriel Gutiérrez
Blanca Dorantes
Gloria Calderas

ALFAGUARA
INFANTIL Y JUVENIL

Art Director: Felipe Dávalos
Design: Petra Ediciones
Editor: Norman Duarte

Santillana USA Publishing Company, Inc.
2105 NW 86th Avenue
Miami, FL 33122

Poetry B: *Antón Pirulero*

ISBN: 1-58105-403-3

Printed in Mexico

ILLUSTRATORS

GLORIA CALDERAS: pp. 30-32
JULIÁN CÍCERO: pp. 10-13
BLANCA DORANTES: pp. 26-29
PATRICIO GÓMEZ: pp. 14-17
GABRIEL GUTIÉRREZ: pp. 22-25
CLAUDIA DE TERESA: cover, pp. 6-9
FELIPE UGALDE: pp. 18-21

ACKNOWLEDGEMENTS

HUMBERTO AK'ABAL: "Árbol," "Grillos," and "Murciélagos" from
Aj Yuq'/Elanimalero. Copyright ©1995 Editorial Cholsamaj, Centro
Educativo y Cultural Maya. Permission to use these works is pending.
DORA ALONSO: "El mar niño" from *Por el mar de las Antillas.* Copyright
©Ediciones El Caballito, S.A. "Marinera" and "Do re mi fa sol" from *La
flauta de chocolate.* Copyright ©La Habana, Gente nueva. Permission to
use these works is pending.
ISABEL FREIRE DE MATOS: "Mariposas" from *La poesía y el niño.*
Copyright ©1993 by Instituto de Cultura Puertorriqueña. Reprinted by
permission of the autor. "El viento" is the title given by the authors to
a fragment of the poem "El girasol" from *Ritmos de tierra y mar.*
Copyright ©1992 by Instituto de Cultura Puertorriqueña. Permission to
use this work is pending. "El conejo" from *Poesía menuda.* Copyright
©1965 by Instituto de Cultura Puertorriqueña. Reprinted by permission
of the author.
ERNESTO GALARZA: "Luna," "Llueve," "Pájaro carpintero,"
and "La ardilla" from *Rimas tontas,* Editorial Almadén. Copyright
©Ernesto Galarza. Extensive research failed to locate the copyright
holder of these works.

A las hermanas Camila Rosa y Jessica Emilia.
Para que pronto sepan decirnos
te quiero.

Índice

Latinos

Hispánicos, latinos, hispanos

Alma Flor Ada

Vivimos en los Estados Unidos.
Hablamos español.

Somos dominicanos
y venezolanos.

Somos salvadoreñas
y puertorriqueñas.

Somos colombianos
y ecuatorianos.

Somos uruguayas
y paraguayas.

Somos cubanos
y mexicanos,
mexicoamericanas
y chicanas.
Y mucho más.

Decimos con orgullo
el nombre que nos une:
latino, en el idioma,
latina, en la cultura.
Hispánicos o
hispanos,
siempre orgullosos
de nuestra herencia latina.

Ernesto Galarza

Nació en México.
Cuando era todavía un niño,
su familia se trasladó a vivir a California.
Conoció de cerca el trabajo de los campos.
Escribió libros de poemas en español
y en inglés para los niños bilingües.
Algunos de sus libros son: *Zoo-risa, Poemas
peque-pequeñitos* y *Mother Goose
en el Río Grande.*

A Ernesto Galarza

Alma Flor Ada

Caminaste por los campos de California
y le cantaste a la uva Zinfandel
y al vuelo limpio de una abeja.
Trajiste a la Madre Oca
hasta la frontera,
y aquí le enseñaste a cantar en español.
Porque la hiciste bilingüe,
hoy ella vale por dos
y puede hacer el bien doblemente.

Luna

Ernesto Galarza

¡Qué tontería,
buscar la luna
al mediodía!

Llueve

Ernesto Galarza

Llueve, llueve, llueve
toda la mañana.
Gota, gota, gota
en mi ventana.
Vete, vete, vete
déjame salir.
Vete, lluvia, vete
hasta el mes de abril.

Pájaro carpintero

Ernesto Galarza

Pica pica
carpintero,
pica pica
el agujero.
Dale, dale
tras, tras, tras
puro palo
comerás.

La ardilla

Ernesto Galarza

Una ardilla
se robó
una almendra
y la enterró.
Pero luego
la perdió.

Puerto Rico

Tres ricas historias
Alma Flor Ada

Borinquen, taíno.
San Juan, español.
África, en Loiza.
Tres ricas historias
y hoy, un corazón.

Isabel Freire de Matos

Nació en Puerto Rico.
Fue maestra y maestra de maestros.
Ha compartido la vida y el amor por Puerto Rico
con el gran poeta Francisco Matos Paoli.
Su hija también es maestra y autora.

A Isabel Freire

Alma Flor Ada

Tienes alumnos grandes:
   maestros
aprendiendo a amar más.
Y alumnos menuditos:
   niñas, niños,
despertando al verso y al color.
Todos, grandes y chicos,
   te llaman Isabelita
para devolverte
la inmensa ternura
que tú les das.
   Isabelita,
     gran mujer,
       gran madre,
         gran maestra,
           gran ser.

Mariposas

Isabel Freire de Matos

Bailarinas de la brisa
las alegres mariposas,
tocan, tocan por el aire
sus castañuelas sedosas.

12

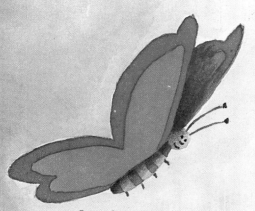

El viento

Isabel Freire de Matos

El viento
es un duendecito
que recoge
con afán
los pétalos
de las flores
que han dejado
de soñar.

El conejo

Isabel Freire de Matos

Mira mis orejas,
mi suave rabito,
mis ojos redondos
y mi hociquito.

Mira mis bigotes,
mis cuatro patitas,
mis tres zanahorias
y mis diez yerbitas.

Cuba

Cuba, la hermana mayor de las islas del Caribe

Alma Flor Ada

Tierra de montaña y valle,
tierra de sol y de mar,
de caña, guayaba y mango
y tomeguín del pinar.

Tu pueblo es noble y alegre,
trabajador y creativo.
Tierra que llevo en el alma
dondequiera que yo vivo.

Dora Alonso

Nació en Cuba. Ha escrito muchos libros hermosos. El cuento *El cochero azul* y los poemarios *Palomar*, *La flauta de chocolate* y *Los payasos* son algunos de sus libros más queridos por los niños y niñas de todo el mundo.

A Dora Alonso
Alma Flor Ada

El cochero azul
te lleva por caminos escondidos
entre las altas palmas,
y tú, toca que toca, tocando
tu flauta de chocolate,
soñando, sueña que sueña,
con Hiloverde el payaso
y el largo cuento sin fin
que te tiene que contar.

El mar niño
Dora Alonso

Cuando el mar era chiquito
jugaba el río con él:
entonces era un charquito
con un solo pececito
y un barquito de papel.

Marinera
Dora Alonso

Marinero, de los mares
donde vas a navegar,
¿me traerás un velerito,
un gran ramo de coral,
una sirenita azul
y dos estrellas de mar?

Do re mi fa sol
Dora Alonso

Do re mi fa sol,
ya sube la araña.
Sol fa mi re do,
corriendo trabaja.

Se mece,
se agarra,
se tira,
se alza,
do re mi fa sol,
haciendo su casa.

Guatemala

Cultura maya

F. Isabel Campoy

Tierras verdes,
tierras altas.
Donde viven
en silencio
mil héroes
de la gran cultura maya.

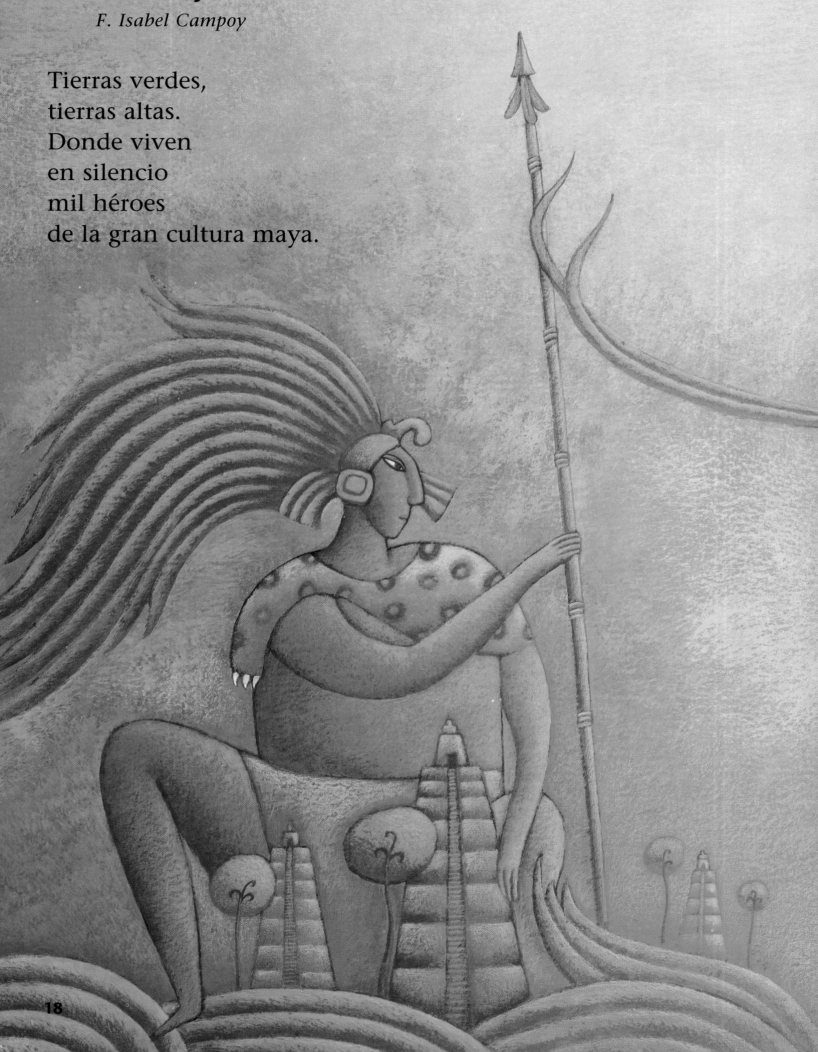

Humberto Ak'abal

Humberto Ak'abal es un gran poeta
de la cultura maya-quiché.
Su poesía manifiesta el gran amor y respeto
que su pueblo siente hacia la naturaleza
y refleja los hermosos sentimientos
que nacen al contemplarla.
Escribió poemas en la lengua quiché.
Los tradujo al español para que podamos disfrutarlos.

A Humberto Ak'abal

F. Isabel Campoy

Miras al mundo
desde la cima de tu volcán
para escribir limpios versos
con palabras de coral.
Tu estirpe maya-quiché
brilla en tus ojos de azabache
y tu alma gotea
poemas de gentileza
sobre la risa, los niños
y la naturaleza.

19

Árbol

Humberto Ak'abal

Libro verde
árbol poeta
¡cuánta poesía en tus hojas!

Quienquiera
que se pose en tus ramas
se vuelve cantor.

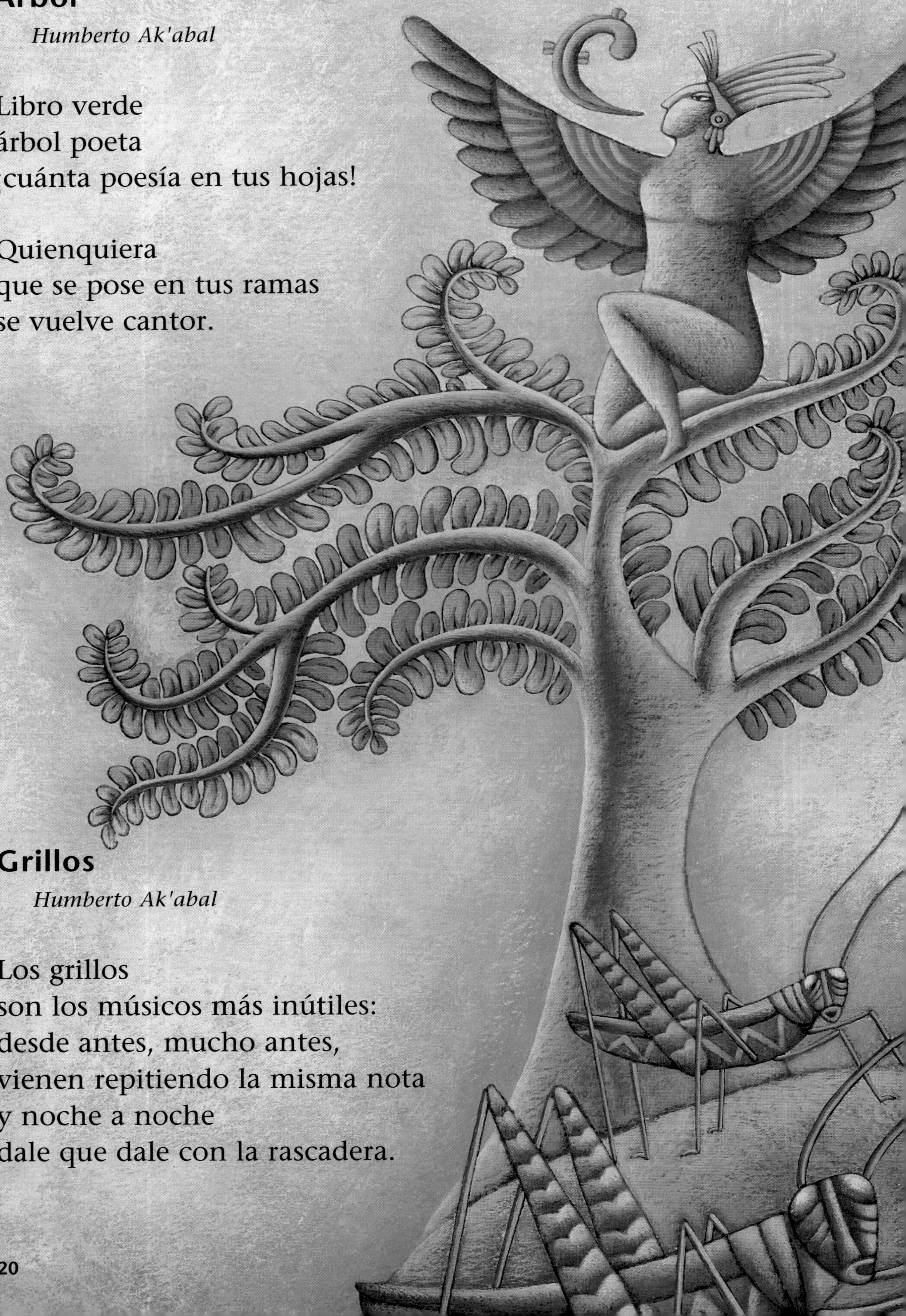

Grillos

Humberto Ak'abal

Los grillos
son los músicos más inútiles:
desde antes, mucho antes,
vienen repitiendo la misma nota
y noche a noche
dale que dale con la rascadera.

Murciélagos

Humberto Ak'abal

Cuando la aldea está de pie
los murciélagos están de cabeza;
cuando la aldea está de cabeza
los murciélagos están de pie.

Ellos esperan la oscuridad
para ver su camino.

México

México en América

F. Isabel Campoy

Mi abuelita nació en México.
Mi papá nació en la frontera.
Yo nací en un pueblito
rodeado de palmeras.
Yo amo a mi abuelita,
a mi papá, a México
y a América toda entera.

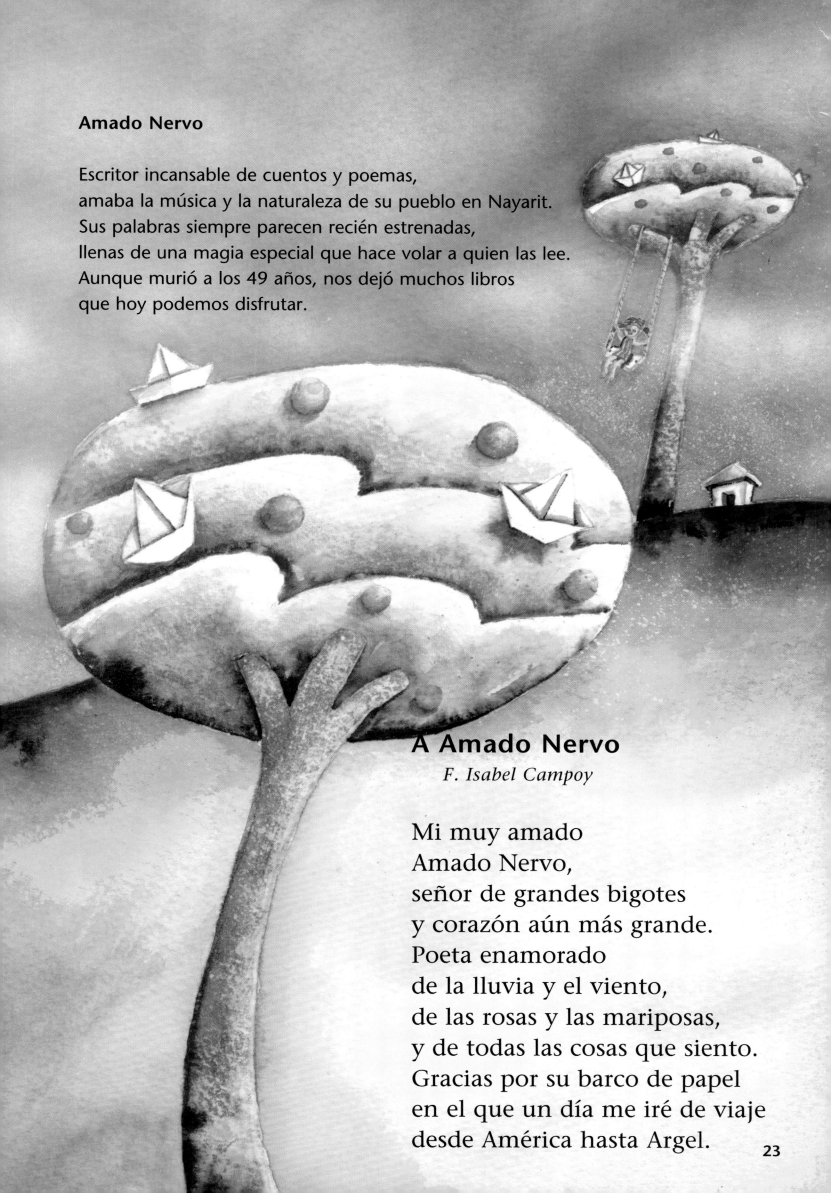

Amado Nervo

Escritor incansable de cuentos y poemas,
amaba la música y la naturaleza de su pueblo en Nayarit.
Sus palabras siempre parecen recién estrenadas,
llenas de una magia especial que hace volar a quien las lee.
Aunque murió a los 49 años, nos dejó muchos libros
que hoy podemos disfrutar.

A Amado Nervo

F. Isabel Campoy

Mi muy amado
Amado Nervo,
señor de grandes bigotes
y corazón aún más grande.
Poeta enamorado
de la lluvia y el viento,
de las rosas y las mariposas,
y de todas las cosas que siento.
Gracias por su barco de papel
en el que un día me iré de viaje
desde América hasta Argel.

23

¡Buen viaje!

Amado Nervo

Con la mitad de un periódico
hice un buque de papel,
y en la fuente de mi casa
va navegando muy bien.

Mi hermana con su abanico
sopla que sopla sobre él.
¡Muy buen viaje, muy buen viaje,
buquecito de papel!

Los sentidos

Amado Nervo

Niño, vamos a cantar
una bonita canción;
yo te voy a preguntar,
tú me vas a responder:
–Los ojos, ¿para qué son?
–Los ojos son para ver.
–¿Y el tacto? –Para tocar.

–¿Y el oído? –Para oír.
–¿Y el gusto? –Para gustar.
–¿Y el olfato? –Para oler.
–¿Y el alma? –Para sentir,
para querer y pensar.

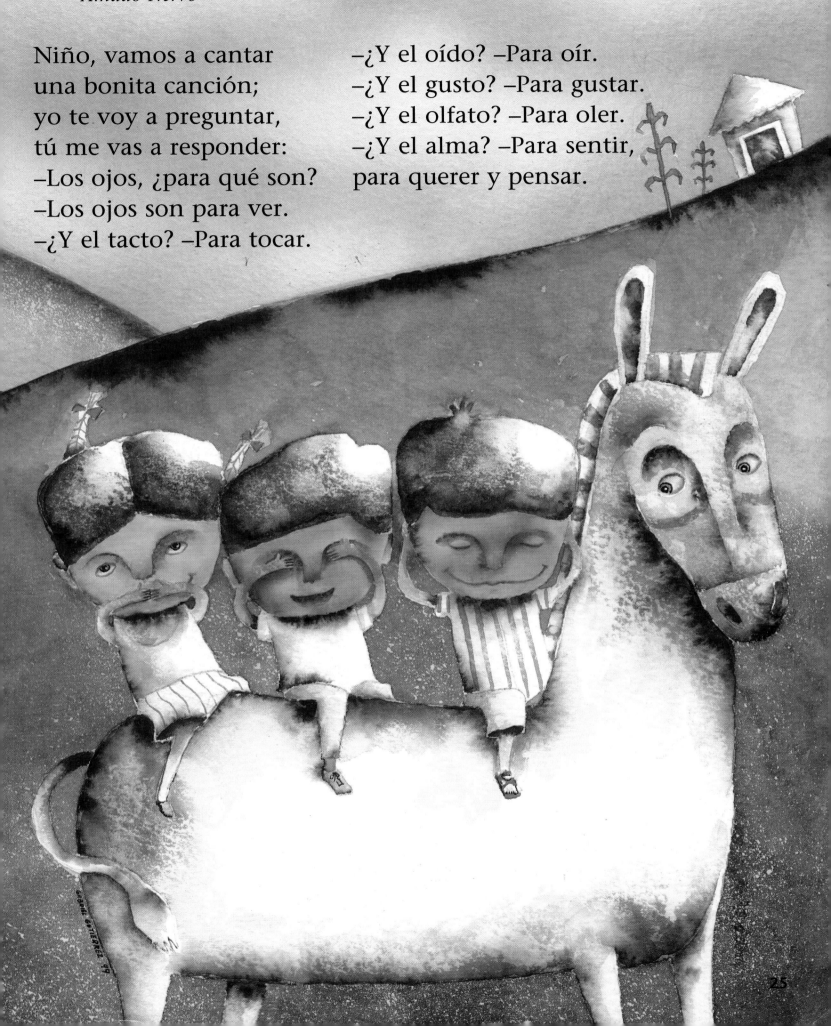

Folclore hispánico

¡A jugar con palabras!

¡Qué bonito jugar con las palabras!
Hay rimas para jugar con los dedos,
rimas para saltar la cuerda,
rimas para cantar a coro,
y hasta canciones para irse, por fin,
a dormir.
Todas estas rimas y canciones son tuyas.
Alguien las inventó hace cientos de años
y de boca en boca pasaron
de madres a hijos,
de abuelas a nietos,
por encima de los montes,
hasta atravesar el océano.

Hoy son parte de la riqueza
de quienes hablamos español,
y son todas para ti.

¡Disfrútalas!

El día en que tú naciste

El día en que tú naciste
nacieron las cosas bellas,
nació el sol,
nació la luna
y nacieron las estrellas.

El patio de mi casa

El patio de mi casa
es particular:
cuando llueve se moja
como los demás.

La puerta de mi casa
es particular:
se cierra y se abre
como las demás.

El gato de mi casa
es particular:
persigue a los ratones
como los demás.

La hormiguita

Ésta era una hormiguita
que entró en un granero;
se robó un granito
y regresó ligero.
Y vino otra hormiguita
del mismo hormiguero;
se robó un granito
y regresó ligero.

Y vino otra hormiguita...

Debajo de un botón

Debajo de un botón, ton, ton,
que encontró Martín, tin, tin
había un ratón, ton, ton
¡ay qué chiquitín, tin, tin!

¡Ay que chiquitín, tin, tin,
era aquel ratón, ton, ton,
que encontró Martín, tin, tin,
debajo de un botón, ton, ton!

Tengo, tengo, tengo

–Tengo, tengo, tengo.
–Tú no tienes nada.
–Tengo tres ovejas en una manada.
Una me da leche,
otra me da lana,
y otra mantequilla
para la semana.

Cinco pollitos

Cinco pollitos tiene mi tía.
Uno le canta,
   otro le pía,
      y tres le tocan
        la chirimía.

Antón Pirulero

Antón, Antón,
Antón Pirulero,
cada cual,
cada cual,
que aprenda su juego,
y el que no lo aprenda,
   pagará,
      pagará,
         pagará una prenda.

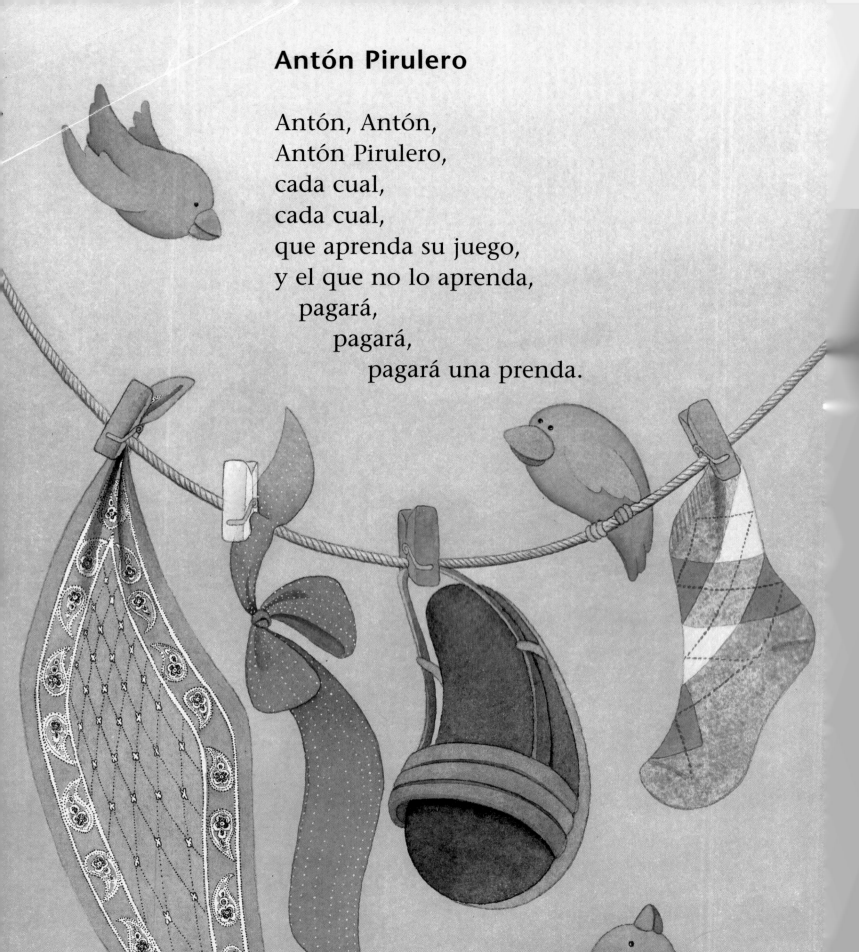